찍기

1 신기한 사파리

버스를 타고 멋진 동물들을 가까이에서 구경해요. 창문마다 손가락을 찍:
창문 밖을 내다보는 친구들의 다양한 표정을 그려 보세요.

찍어요

찍기

2 영차! 부지런한 개미

개미 가족이 사는 개미굴 속 모습이에요. 손가락을 세 개씩 나란히 찍고,
얼굴과 다리를 그려서 열심히 일하는 개미 가족을 그려 보세요.

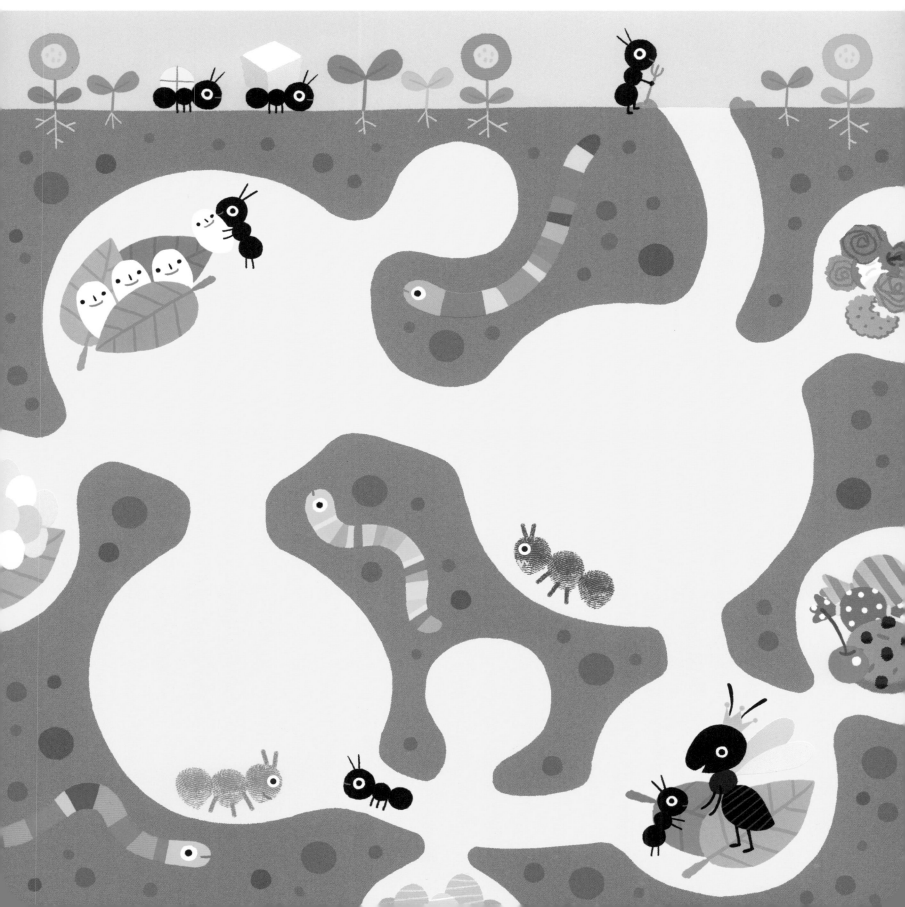

찍기

3 푸푸! 코끼리 목욕

코끼리가 코에서 물을 뿜으며 깨끗이 목욕을 하고 있어요. 손가락을 찍고
길게 문질러서 물줄기가 떨어지는 모습을 표현해 보세요.

찍기

4 팡팡! 멋있는 불꽃놀이

팡팡! 하늘을 아름답게 물들이는 불꽃놀이가 시작됐어요. 손가락을 찍고
길게 문질러서 불꽃놀이가 펼쳐진 하늘의 모습을 꾸며 보세요.

5 뻐끔뻐끔 물고기

물속에 사는 물고기들은 물에서도 뻐끔뻐끔 숨을 쉴 수 있어요.
면봉에 물감을 묻히고 찍어서 공기 방울을 만들어 보세요.

6 콩콩! 내가 그린 그림

화가 아저씨가 나무 그림을 그리다가 잠이 들었어요. 면봉에 물감을 묻히고
촘촘히 찍어서 화가 아저씨 몰래 그림을 완성해 보세요.

찍기

7 즐거운 바닷가

친구들이 바닷가에서 즐거운 시간을 보내요. 모두 재미있게 놀 수 있도록
선을 따라 여러 가지 물건을 오리고, 어울리는 자리에 붙여 보세요.

참 잘했어요

튼튼한 모래성을 그려 보아요.

8 살랑살랑 내 꼬리

오리기

동물 친구들이 옹기종기 모여서 저마다 꼬리 자랑을 하고 있어요.
선을 따라 꼬리를 모두 오리고, 어울리는 동물에게 붙여 보세요.

참 잘했어요

내가 생각하는 숲속의 왕을 그려 보아요.

내가 생각하는 숲속의 왕을 그려 보아요.

오리기

9 보글보글 카레 요리

냄비에 노란 카레가 보글보글 끓고 있어요. 선을 따라 양파와 당근을
오리고, 마음대로 작게 조각 내서 냄비에 붙여 보세요.

참 잘했어요

먹고 싶은 음식을 그려 보아요.

10 멋쟁이 손가방

파티에 들고 갈 멋진 손가방을 만들어요. 선을 따라 종이를 반으로 접고
한쪽을 따라 오려 예쁜 손가방을 완성해 보세요.

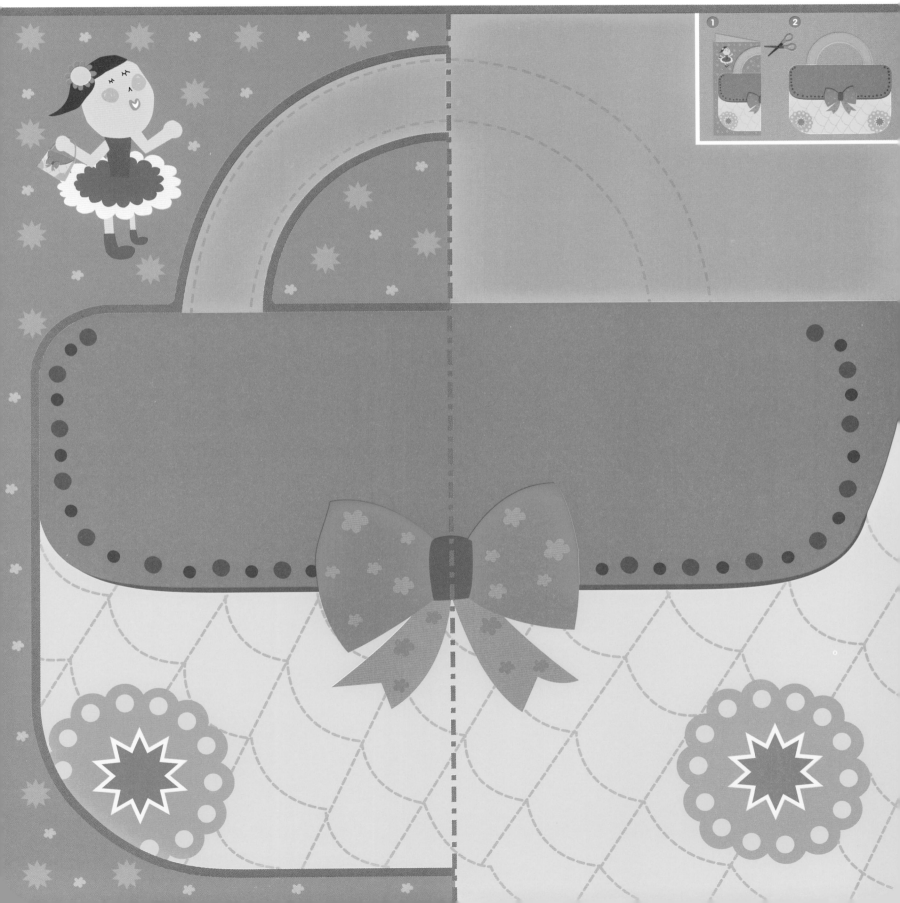

11 새콤달콤 딸기 접시

딸기를 접시에 수북이 담아요. 선을 따라 두 번 접고 한쪽을 따라 오려
접시를 만들어요. 그리고 딸기를 오려 접시 위에 붙여 보세요.

오리기

참 잘했어요

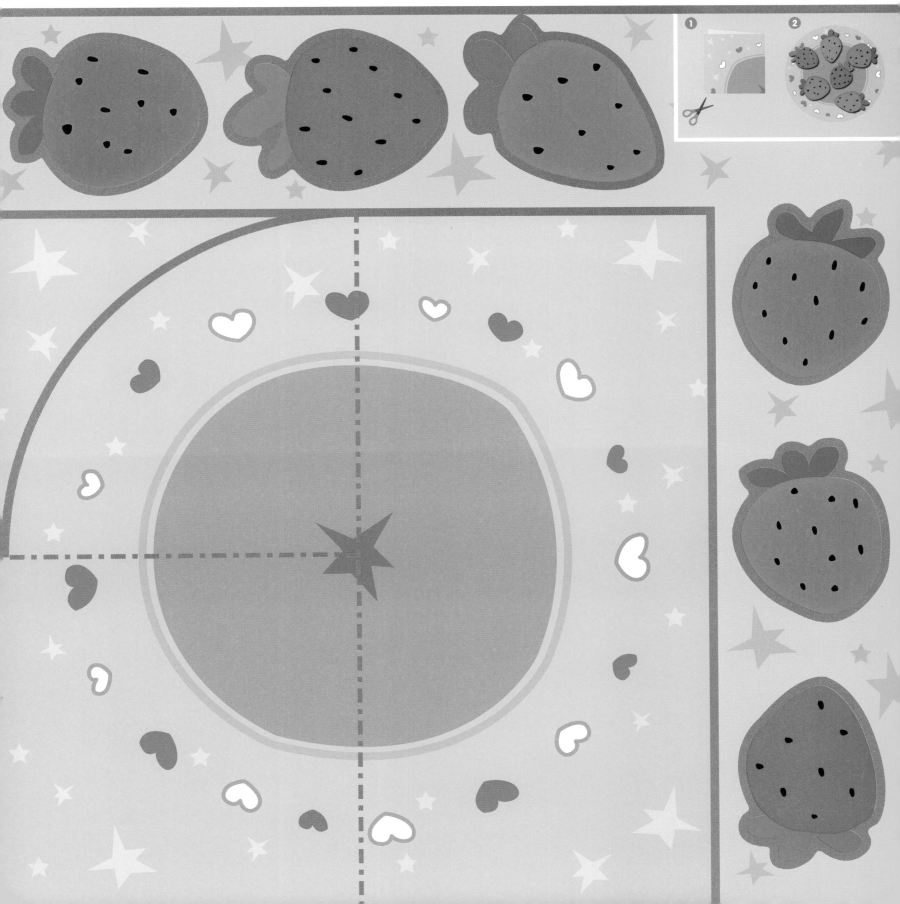

오리기

12 와글와글 귀여운 곤충 1

풀밭에 와글와글 곤충들이 숨어 있어요. 선을 따라 종이를 반으로 접고
한쪽을 따라 오려 어떤 곤충이 나타나는지 알아보세요.

13 와글와글 귀여운 곤충 2

풀밭에 숨어 있는 곤충들을 찾아요. 앞 장에서 오린 곤충을 채집통에
예쁘게 붙이고, 어떤 곤충이 가장 좋은지 이야기해 보세요.

14 후다닥 그림 도둑 1

도둑이 미술관의 그림을 몰래 훔쳐갔어요. 다음 장에서 그림 조각을
오려 낸 뒤, 액자의 알맞은 곳에 붙여 완성해 보세요.

르누아르 〈피아노 앞의 두 소녀〉

15 후다닥 그림 도둑 2
도둑이 훔쳐간 그림이 뒤죽박죽 섞여 있어요. 선을 따라 조각난 그림을
오리고 이리저리 맞춰 앞 장의 액자에 붙여 보세요.

오리기

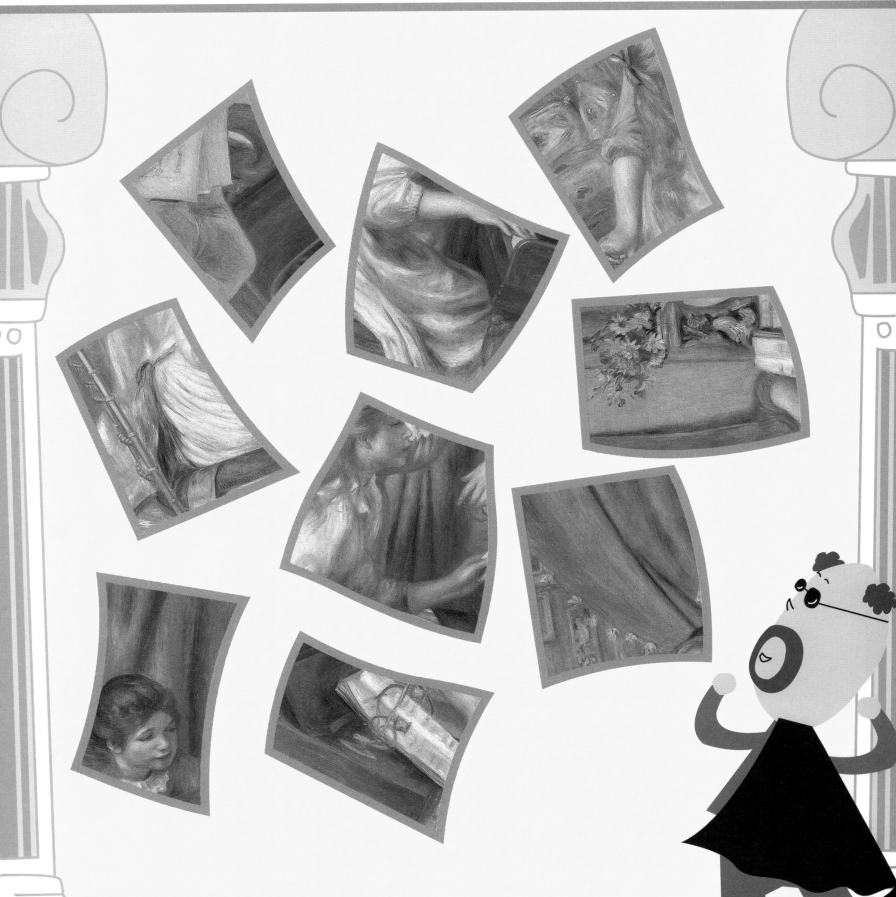

접기

16 쓱쓱 연필과 지우개

비어 있는 필통에 내가 아끼는 학용품을 넣어 가득 채워요. 연필과 지우개를
예쁘게 접고 필통 안의 빈 곳에 붙여 보세요.

접는
방법

1 밖으로 반을 길게 접어요.　**2** 양쪽을 밖으로 접어 연필을 만들어요.　**3** 같은 방법으로 초록색 연필도 만들어요.　**4** 양쪽을 밖으로 접어 지우개를 만들어요.

갖고 싶은 학용품을 그려 보아요.

접기

17 산타의 선물 보따리

산타클로스 할아버지와 루돌프가 착한 아이들에게 선물을 나눠 주러 가요.
모자와 선물 보따리를 예쁘게 접어서 알맞은 자리에 붙여 보세요.

접는 방법

1 아래의 흰 부분을 밖으로 접고 양쪽을 밖으로 접어요.

2 위를 밖으로 접어 내려 모자를 만들어요.

3 세 군데를 밖으로 접어요.

4 위를 밖으로 접어 내려 보따리를 만들어요.

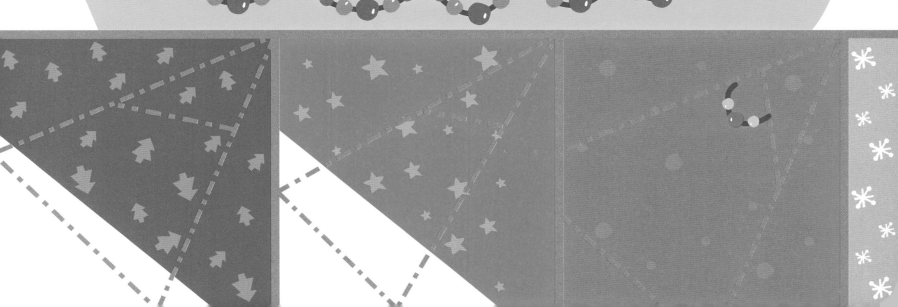

크리스마스에 받고 싶은 선물을 그려 보아요.

접기

18 싱싱한 양파와 당근

땅속에서 싱싱한 채소들이 무럭무럭 자라고 있어요. 양파와 당근을
예쁘게 접어서 땅속의 알맞은 자리에 붙여 보세요.

접는 방법

1 네 군데를 밖으로 접어요.　　**2** 위아래를 밖으로 접어 양파를 만들어요.　　**3** 세 군데를 밖으로 접어요.　　**4** 양옆을 밖으로 접어 당근을 만들어요.

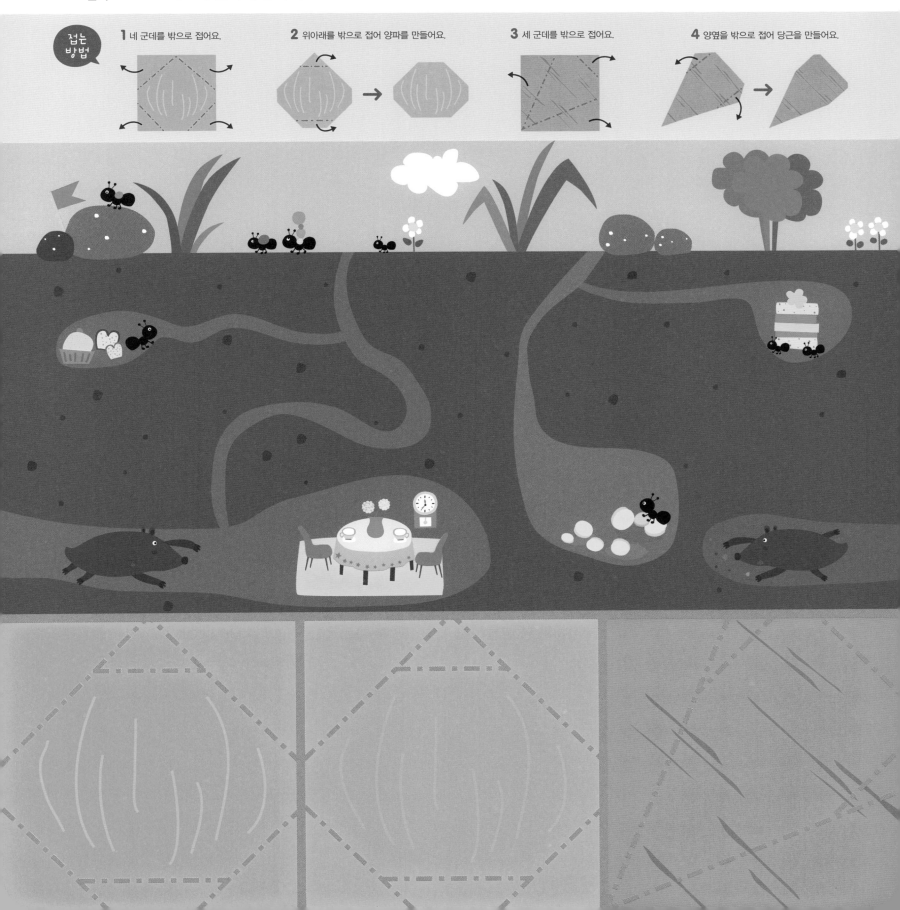

땅속에 사는 동물을 그려 보아요.

땅속에 사는 동물을 그려 보아요.

접기

19 꽁꽁 남극 동물

추운 남극에 사는 동물들은 얼음 위에 있어도 끄떡없어요. 펭귄과 물개를
예쁘게 접어서 꽁꽁 언 얼음 위에 붙여 보세요.

접는
방법

1 밖으로 반을 접어요.

2 양옆을 안으로 접고, 위를 밖으로 접어 펭귄을 만들어요.

3 안으로 길게 접어요.

4 위아래를 밖으로 접어 물개를 만들어요.

 남극에 간 내 모습을 상상해서 그려 보아요.

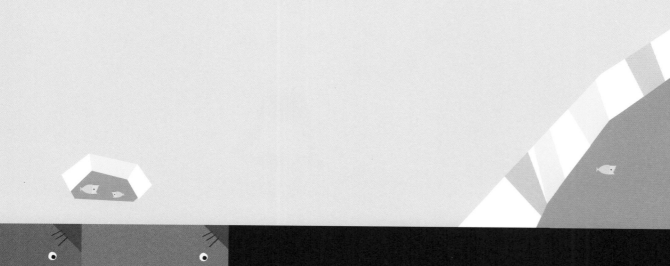

접기

20 방긋방긋 예쁜 꽃

선반 위의 예쁜 꽃들이 친구들과 방긋 웃으며 반갑게 인사하고 있어요.
꽃과 화분을 예쁘게 접어서 선반 위에 알맞게 붙여 보세요.

접는 방법

1 밖으로 반을 접어요.

2 양옆을 안으로 접어 꽃을 만들어요.

3 위를 안으로 접어 내려요.

4 양옆을 밖으로 접어 화분을 만들어요.

5 화분 위에 꽃을 붙여요.

세상에서 제일 예쁜 꽃을 그려 보아요.

21 달콤한 아이스크림

한입 베어 물면 사르르 녹는 달콤한 아이스크림이에요. 맛있는 아이스크림
네 개를 접고 가장 맛있어 보이는 아이스크림을 골라 보세요.

접는 방법

1 양쪽을 밖으로 접어요.

2 가운데 부분을 안으로, 밖으로 서로 겹치게 접어요.

3 양옆과 위를 밖으로 접어요.

4 같은 방법으로 접어서 네 가지 맛 아이스크림을 만들어요.

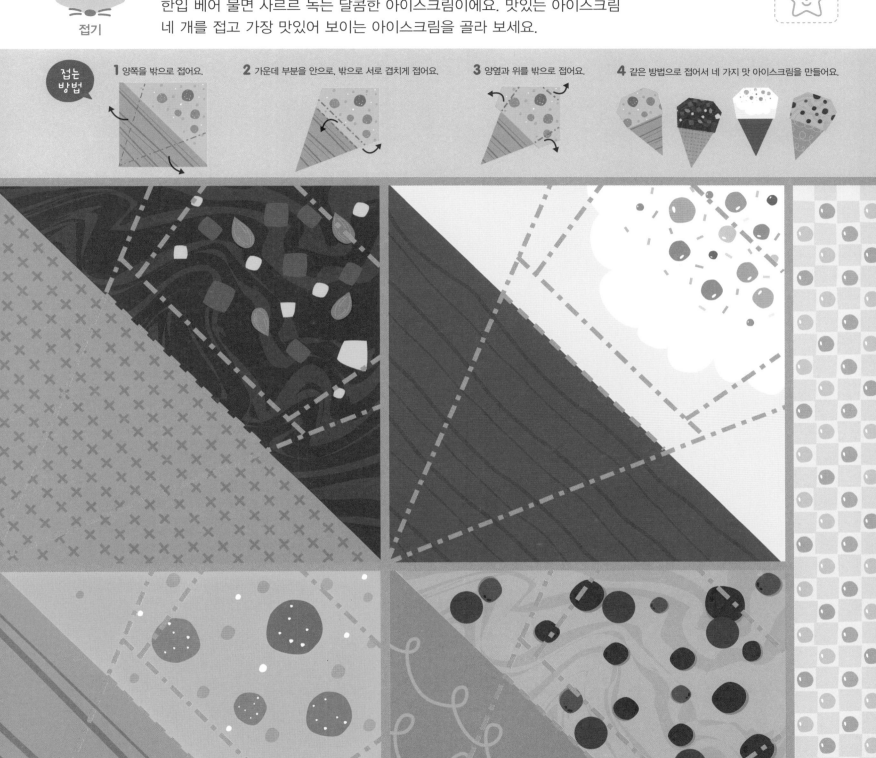

접기

22 멋쟁이 팔찌와 반지

내가 만든 하트 모양의 팔찌와 반지로 멋쟁이가 되어요. 팔찌와 반지를
예쁘게 접어 손에 직접 끼우고 놀이해 보세요.

접는 방법

1 선을 따라 오리고, 밖으로,
안으로 번갈아 가며
길게 접어요.

2 양끝을 테이프로 붙여
팔찌와 반지를 만들어요.

3 양쪽을 밖으로 접은 뒤 끝 부분을
안으로 접어요.

4 위의 네 곳을 안으로 접고 뒤집어서
하트 장식을 만들어요.

5 끈과 하트 장식을
풀로 붙여 예쁜 팔찌와
반지를 완성해요.

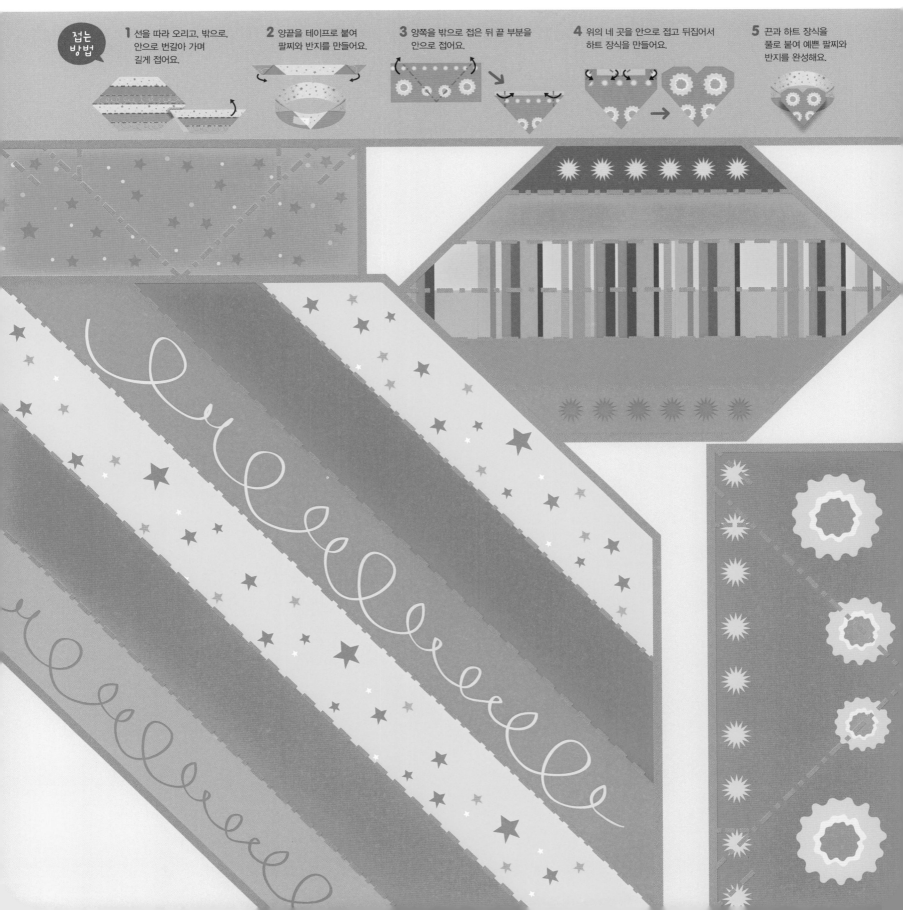

23 주렁주렁 트리 장식

화려한 장식이 주렁주렁 달려 있는 예쁜 크리스마스트리를 만들어요.
완성된 트리는 창가에 올려놓아 장식해 보세요.

참 잘했어요

만드는 방법

1 트리 둘레의 오리는 선을 따라 오려요.

2 트리 가운데의 오리는 선을 따라 오려요.

3 두 개의 트리를 위아래로 끼워 세워요.

4 스티커를 붙여 트리를 예쁘게 장식해요.

24 생일 축하 카드

사랑하는 친구의 생일을 축하해요. 정성스럽게 생일 축하 카드를 만들고
친구에게 축하의 글을 적거나 그림을 그려서 전해 보세요.

만들기

 만드는 방법

1 오리는 선을 따라 오려요.

2 카드와 장식을 접는 선을 따라서 접었다가 펼치고, 풀칠해 붙여요.

3 카드 뒷면에 편지를 쓰고 전달해요.

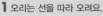

HAPPY BIRTHDAY

Happy BirthD

풀칠 풀칠

붙이는 곳

25 요리조리 입체 퍼즐

두 개의 퍼즐을 요리조리 움직이면 두 그림이 만나 하나의 그림이 돼요.
어떤 모양이 완성되는지 입체 퍼즐을 만들어서 그림을 맞춰 보세요.

만들기

 만드는 방법

1 오리는 선을 따라 오려요.

2 접는 선을 따라 접고, 풀칠해 붙여요.

3 같은 방법으로 나머지 입체 퍼즐도 만들어요.

4 입체 퍼즐을 이리저리 돌려 가며 그림을 맞춰요.

붙이는 곳

붙이는 곳

붙이는 곳

붙이는 곳

붙이는 곳

붙이는 곳

붙이는 곳

붙이는 곳

붙이는 곳

붙이는 곳

붙이는 곳

붙이는 곳

만들기

26 밝게 빛나는 램프

어둠 속을 밝게 비춰 주는 램프만 있으면 깜깜한 밤에도 무섭지 않아요.
램프를 만들어서 어두운 밤 두근두근 탐험 여행을 떠나 보세요.

만드는 방법

1 오리는 선을 따라 오려요.

2 램프를 반으로 접고, 선을 따라 오린 뒤 둥글게 붙여요.

3 동그란 판에 촛불을 붙이고 램프의 몸통을 세워서 붙여요.

4 손잡이를 붙이고 램프 사이사이로 촛불이 잘 보이도록 만들어요.

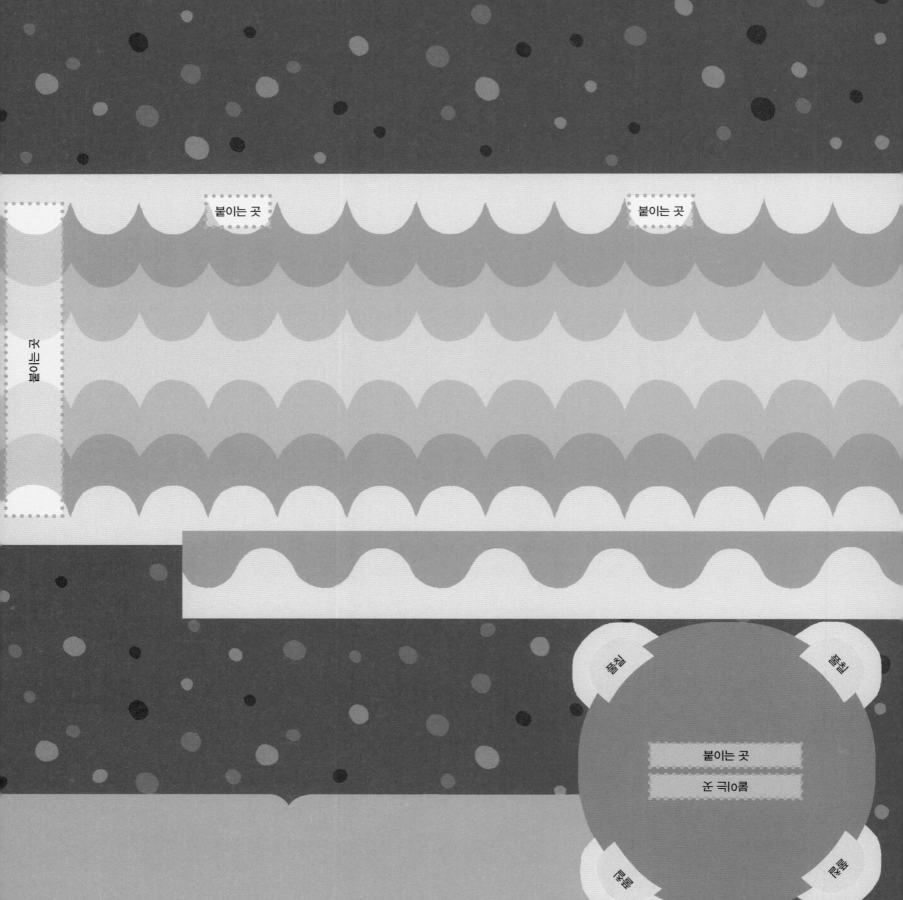

27 딩동딩동 피아노

아름다운 피아노 앞에 앉아서 딩동딩동 피아노를 멋지게 연주해요.
멋진 피아노를 만들고, 연주에 맞춰 아름다운 노래도 불러 보세요.

만들기

만드는 방법

1 가위로 오리는 선을 따라 오려요.

2 접는 선을 따라 접고 풀칠해 붙여요.

3 받침을 끼워 피아노를 세워요.

4 의자도 만들어 함께 놀이해요.

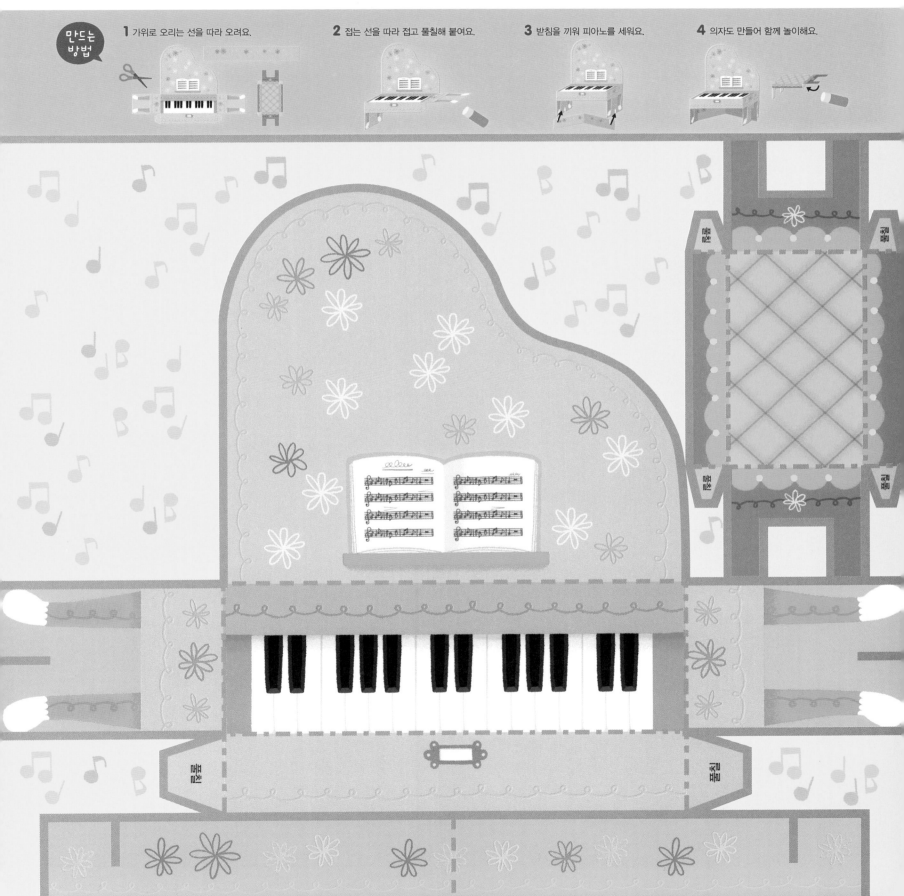

28 째깍째깍 탁상시계

귀여운 강아지 시계는 째깍째깍 시간을 알려 주어요. 강아지 탁상시계를
만들어 책상 위에 올려놓고, 바늘을 돌리며 시간을 알아보세요.

만들기

 만드는 방법

1 가위로 오리는 선을 따라 오려요.

2 종이를 떼어서 시계의 가운데에 구멍을 내요.

3 시곗바늘을 안으로 접어 구멍에 끼우고 밖으로 접어 고정시켜요.
[뒤]

4 받침을 끼우고 시계 놀이를 해요.

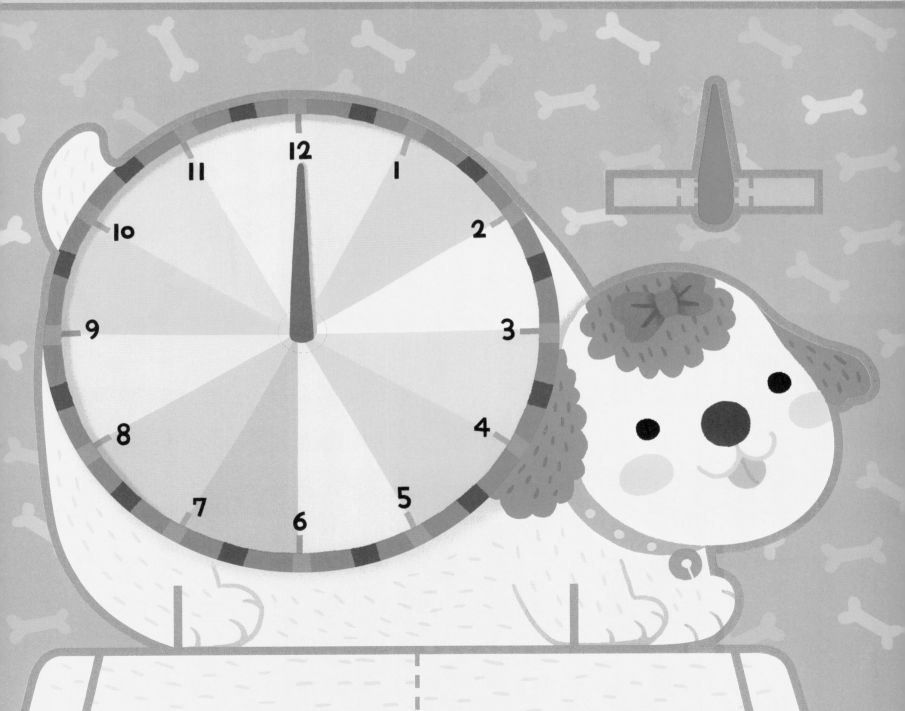

만들기

29 싹둑싹둑 종이 인형 1

패션쇼의 주인공처럼 예쁜 옷을 마음껏 입혀 볼 수 있는 종이 인형이에요.
인형에게 가장 예쁜 옷을 골라 입혀 내 마음대로 꾸며 보세요.

만드는 방법

1 오리는 선을 따라 인형과 옷, 액세서리를 오려요.

2 옷 위의 튀어나온 꼭지를 뒤로 접어 내려요.

3 접힌 부분을 인형의 어깨와 머리에 걸고 놀이해요.

30 싹둑싹둑 종이 인형 2

재미있게 놀이를 한 뒤에는 인형을 잃어버리지 않도록 잘 보관해야 해요.
앞에서 만든 예쁜 인형과 옷을 보관함에 차곡차곡 넣어 정리해 보세요.

만드는 방법

1 오리는 선을 따라 오려요.

2 접는 선을 따라 접고 풀칠해 붙여요.

3 스티커를 붙여 꾸미고 앞에서 오린 인형과 옷을 넣어요.

4 뚜껑을 덮고 구멍에 끼워 닫아 보관해요.

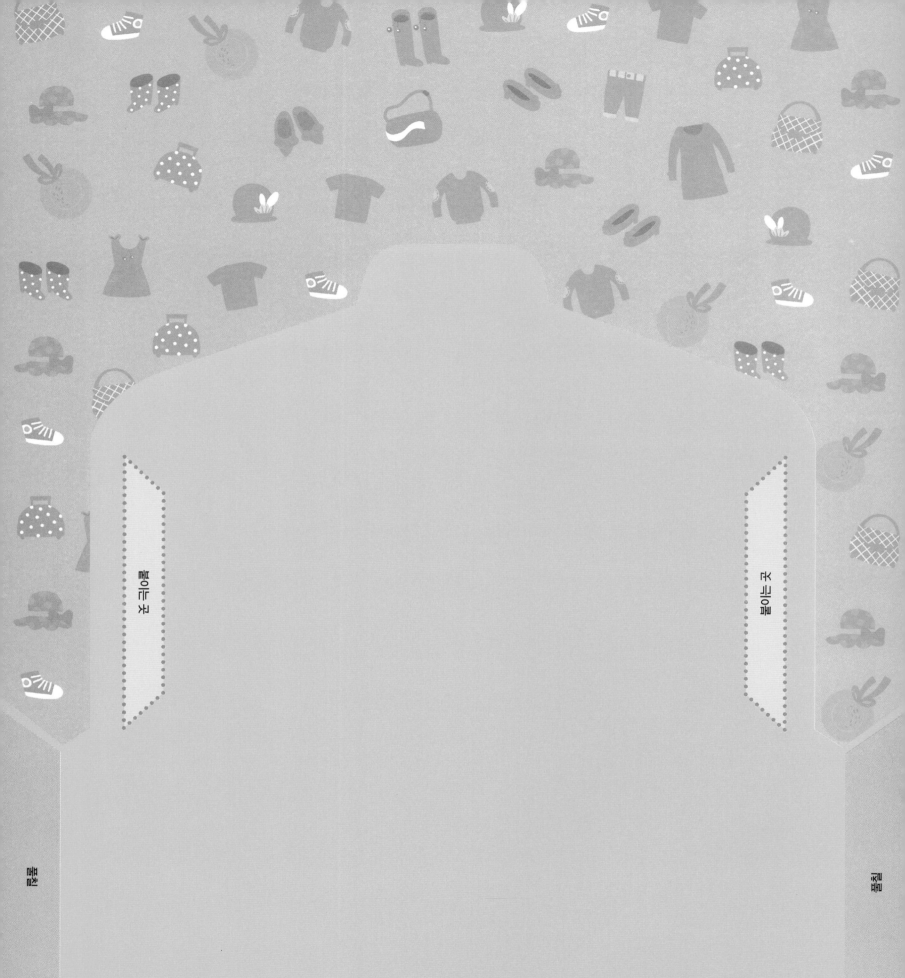

붙이는 곳

풀칠

붙이는 곳

풀칠

만들기

31 아이스크림 자동차

달콤하고 시원한 아이스크림을 파는 신기한 자동차 가게를 만들어요.
그리고 친구와 함께 재미있는 가게 놀이를 해 보세요.

만드는 방법

1 오리는 선을 따라 오려요.　　　　**2** 접는 선을 따라 접고 붙여 자동차를 만들어요.　　　　**3** 간판과 점원을 만들어 세워요.　　　　**4** 점원의 손에 아이스크림을 끼워 놀이해요.

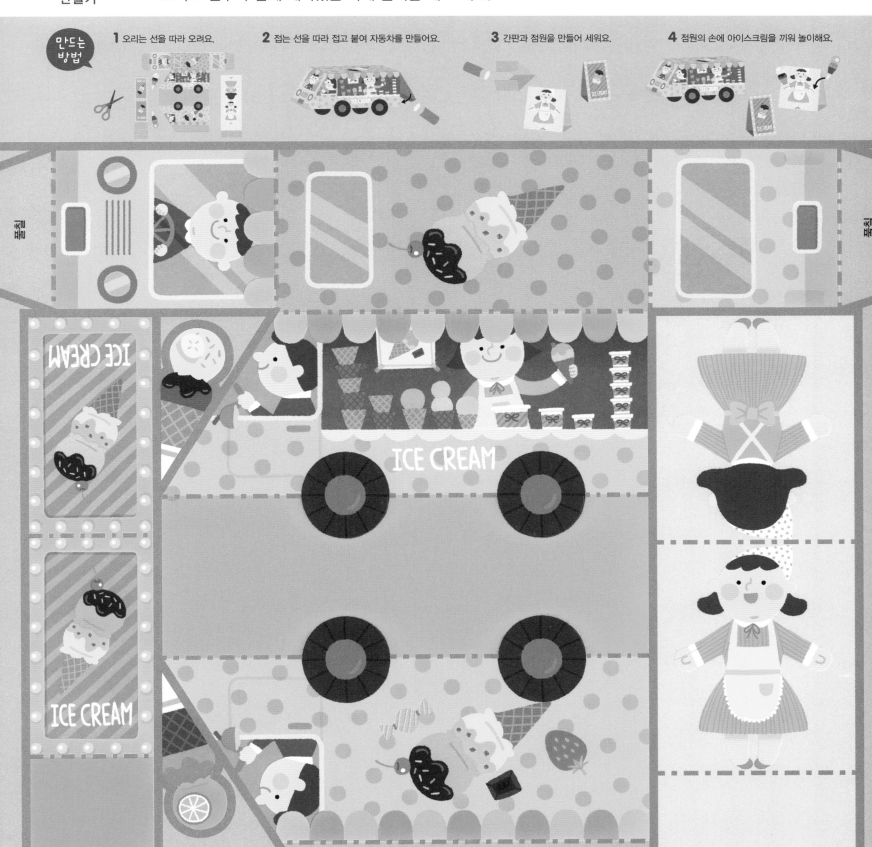

풀칠　풀칠

ICE CREAM

ICE CREAM

ICE CREAM

ICE CREAM

풀칠　풀칠　풀칠

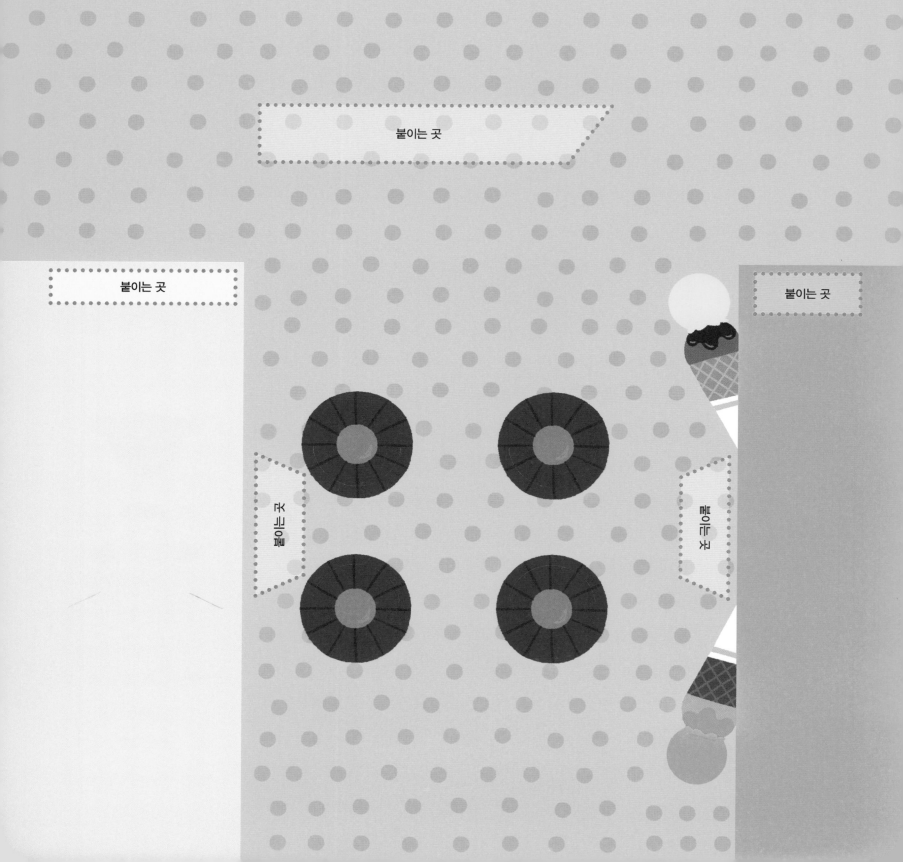

붙이는 곳

붙이는 곳

붙이는 곳

붙이는 곳

붙이는 곳

32 찰칵찰칵 사진기

기억하고 싶은 순간을 사진으로 찍어 두면 오래오래 간직할 수 있어요.
즐거웠던 시간과 슬펐던 시간을 생각하며 '찰칵!' 사진을 찍어 보세요.

만들기

 만드는 방법

1 오리는 선을 따라 오려요.

2 사진기를 세로로 접어 세 군데를 오리고 렌즈 부분을 여러 번 앞뒤로 접었다 펴요.

3 사진기를 가로로 접고 양끝을 풀칠해 붙여요.

4 사진기 화면에 그림 카드를 끼우고 놀이해요.

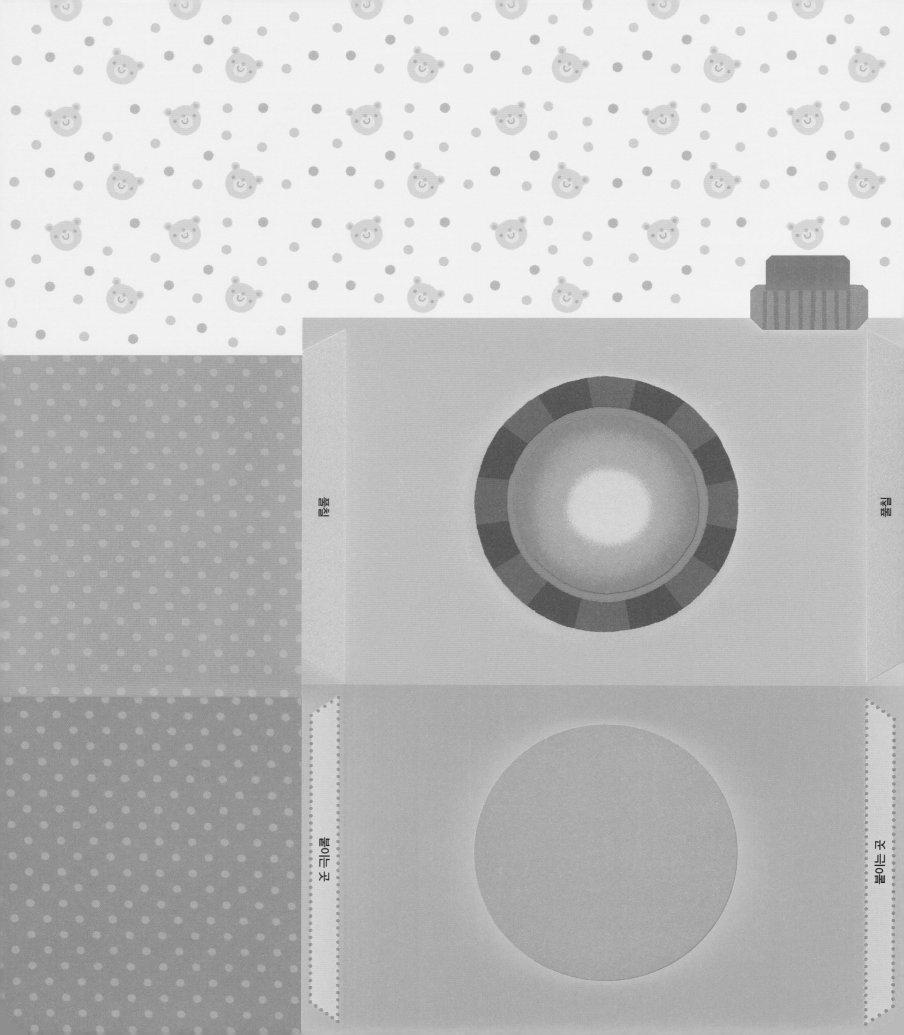

풀칠

풀칠

붙이는 곳

붙이는 곳

33 따르릉따르릉 핸드폰

위아래로 스르륵 움직이는 핸드폰을 만들어요. 다 만들고 난 뒤에는 가장
보고 싶은 사람에게 따르릉따르릉 전화를 걸어 보세요.

만들기

만드는 방법

1 오리는 선을 따라 오리고 종이를 떼어 내요.

2 접는 선을 따라 접고, 풀칠해 붙인 뒤 숫자 스티커를 붙여요.

3 파란색 상자 겉에 주황색 상자를 씌우고 양쪽 아래의 종이를 접어 올려요.

4 안테나를 붙여 완성하고, 배경 화면을 바꿔 끼워 가며 놀이해요.

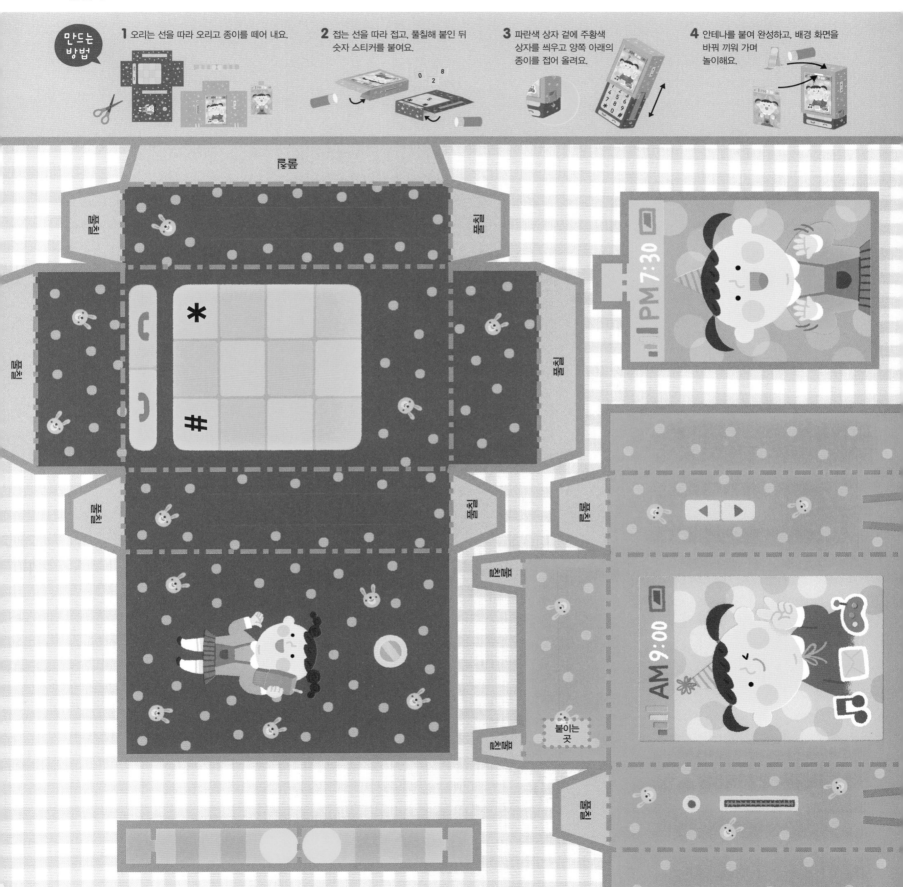

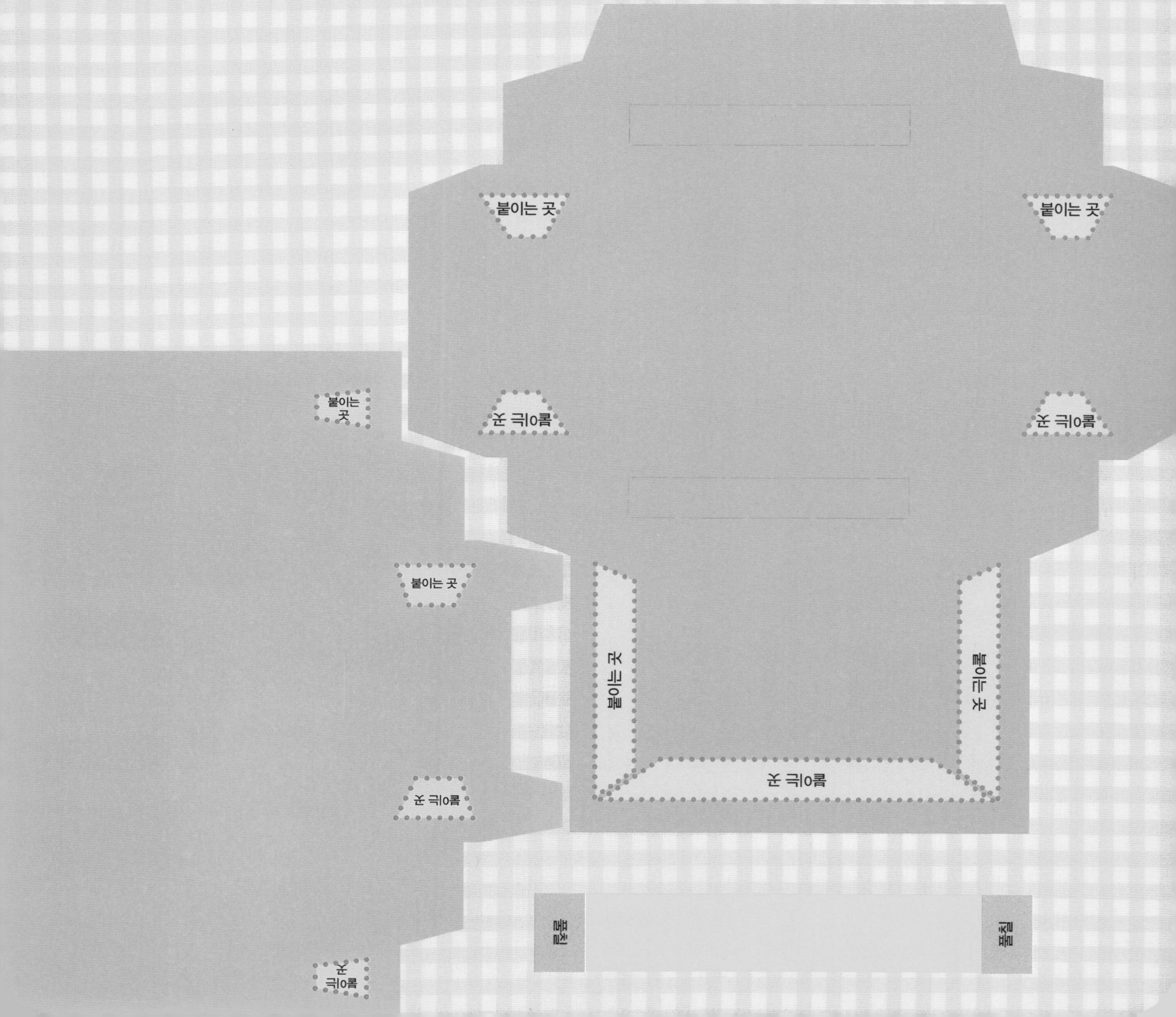

붙이는 곳

붙이는 곳

붙이는
곳

붙이는 곳

붙이는 곳

붙이는 곳

붙이는 곳

붙이는 곳

붙이는 곳

붙이는 곳

붙이는 곳

붙이는 곳

끝칠

끝칠

붙이는 곳

34 흔들흔들 피에로

목이 흔들흔들, 다리가 흔들흔들, 즐겁게 춤을 추는 피에로를 만들어요.
피에로와 함께 음악에 맞춰 신 나게 춤을 춰 보세요.

만들기

만드는 방법

1 오리는 선을 따라 오리고 동그란 구멍을 내요.

2 빨대를 3센티 정도로 두 개 잘라, 한 개를 빵 끈으로 묶고 구멍에 끼워 넣어요.

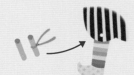

3 뒤쪽에 남은 빨대 한 개를 놓고 빵 끈을 조여 고정시켜요.

[옆]

4 같은 방법으로 다리와 머리를 모두 연결해요.

35 아기자기 예쁜 집 1

조그마한 엄지 공주의 아기자기한 집이에요. 귀여운 공주가 편안하게
쉴 수 있도록 정성껏 집을 만들고 예쁘게 꾸며 보세요.

만들기

만드는
방법

1 오리는 선을 따라 오려요.　　**2** 문과 창문을 밖으로 접어요.　　**3** 바닥과 벽을 접어 붙여 집을 세워요.　　**4** 장식 스티커를 붙여 집 안을 예쁘게 꾸며요.

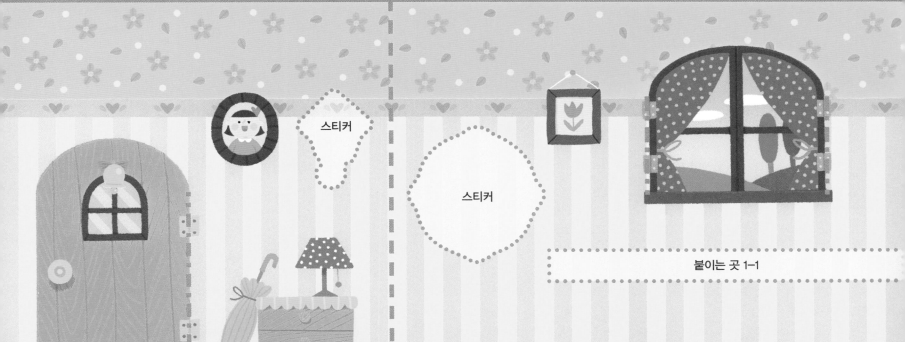

스티커

스티커

붙이는 곳 1-1

붙이는 곳 5

붙이는 곳 1-2

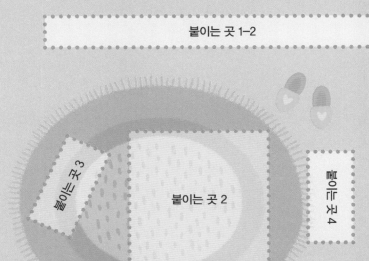

붙이는 곳

스티커

붙이는 곳 3

붙이는 곳 2

붙이는 곳 4

스티커

스티커

풀칠

36 아기자기 예쁜 집 2

앞에서 만든 공주의 집을 구석구석 채워 줄 귀여운 가구를 만들어요.
마당에는 예쁜 꽃과 달콤한 열매가 달린 나무도 심어 보세요.

만드는 방법

1 오리는 선을 따라 오려요.

2 마당 종이를 앞 장에서 만든 방 바깥에 붙이고 스티커로 꾸며요.

3 나머지 종이는 점선을 따라 접고 풀칠을 해서 붙여요.

4 앞 장에서 만든 방에 가구와 나무를 알맞게 붙이고, 인형과 함께 놀이해요.

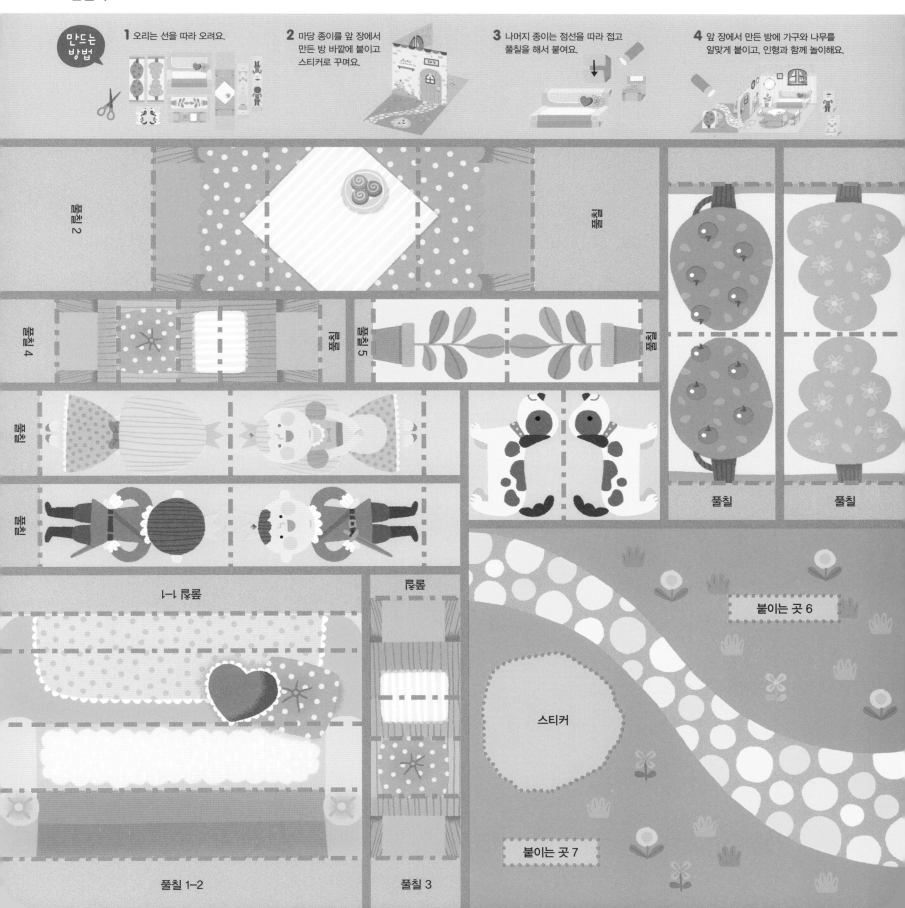

붙이는 곳

붙이는 곳

붙이는 곳

붙이는 곳

붙이는 곳

콜라이드 쥰

콜라이드 쥰

콜라이드 쥰

콜라이드 쥰